AF454420

MONTESQUIEU ET MACHIAVEL

PAR

M. FRÉDÉRIC SCLOPIS.

PARIS

AUGUSTE DURAND, LIBRAIRE, RUE DES GRÈS, 7.

1856

(Extrait de la *Revue historique de droit français et étranger*.)

TYPOGRAPHIE HENNUYER, RUE DU BOULEVARD, 7. BATIGNOLLES.
Boulevard extérieur de Paris.

MONTESQUIEU ET MACHIAVEL [1].

Ceux qui ont écrit sur l'origine des lois, sur les principes des gouvernements et sur les formes des institutions politiques, ont souvent mis en parallèle Machiavel et Montesquieu. On a voulu faire des rapprochements plus ou moins fondés entre ce qu'on appelle les systèmes suivis par ces deux grands génies dans les ouvrages qui les ont rendus immortels. Il est vrai de dire que Montesquieu et Machiavel, travaillant l'un et l'autre d'après l'observation des faits, sur les penchants communs des hommes, devaient nécessairement se rencontrer. Mais, placés à des points de vue différents, se dirigeant vers des buts divers, les analogies entre eux ne pourraient être ni fréquentes ni complètes. Leur caractère et le genre de leur esprit étaient aussi différents que les lieux et les temps où l'un et l'autre ont vécu.

Comme tout le monde, nous disons : le système de Machiavel, quoiqu'il faille avouer que ce mot est assez mal choisi. Machiavel n'a point formulé de système proprement dit ; il n'est pas remonté aux causes générales pour en tirer des conséquences multipliées et uniformes ; il n'a pas établi de véritables principes dirigeants. Il s'est contenté de fournir une suite de préceptes tirés de certaines circonstances ; il est avant tout l'homme de l'opportunité : nul mieux que lui ne démêle le fort et le faible d'une situation politique, et toujours il recommande de chercher le succès avant tout. Malheureusement cet homme de génie était sceptique en ce qui tient aux idées de droit et de devoir ; il ne croyait point à la vertu. On lui reproche de n'avoir reculé devant aucune espèce de moyen, pourvu qu'il le crût propre à ses fins.

Machiavel ne faisait que reproduire en cela l'opinion qui régnait de son temps. Si, en ce genre, l'Italie fournissait de tristes exemples en plus grand nombre que les autres États, c'est qu'elle

---

[1] Cet article est extrait d'un travail plus étendu, qui portera le titre de : *Recherches historiques et critiques sur l'Esprit des lois.*

se trouvait plus agitée et moins forte qu'eux. On a répété bien
des fois que le machiavélisme est antérieur à Machiavel ; nous
l'avons dit : Machiavel n'a fait que saisir et exposer mieux
que personne ce qui était alors l'opinion des hommes de guerre
et des hommes d'Etat. Il a pénétré tous les secrets politiques de son temps ; Montesquieu a mieux que lui pressenti
l'avenir.

Nous ne reproduirons certainement pas ici tous les jugements
portés sur Machiavel mis en regard de Montesquieu ; cette repro-
duction serait plus fastidieuse encore que difficile. Nous nous
bornerons à mettre sous les yeux du lecteur trois différentes ap-
préciations de Montesquieu comparé avec Machiavel, sorties de
la plume d'écrivains appartenant tous les trois aux écoles les
plus modernes, tous les trois étrangers à la France.

D'abord, M. Macaulay, dans un article inséré dans l'*Edin-
burgh Review* de 1827, à propos des *œuvres complètes* de Machiavel traduites par J.-V. Périer, publiées à Paris en 1825, se
plaît à rabaisser Montesquieu devant Machiavel. Avec cette verve
qui distingue le style du critique anglais, il trace un portrait de
l'auteur de l'*Esprit des lois* qui certes n'est pas flatté.

Après avoir loué Machiavel pour sa franchise d'esprit, M. Macaulay entreprend de comparer *le Prince* et les *Discours* avec
l'*Esprit des lois*. « Montesquieu, dit-il, jouit d'une plus grande
« célébrité que tout autre écrivain politique de l'Europe mo-
« derne. Il le doit sans doute en partie à son propre mérite,
« mais bien plus encore à son bonheur. Il eut de la chance
« en sa vie ; il frappa la vue de la nation française au mo-
« ment où celle-ci s'éveillait après un long sommeil de bigo-
« terie politique et religieuse ; il ne tarda pas, en conséquence,
« à devenir un favori. Les Anglais, à cette époque, considéraient
« un Français qui parlait de freins constitutionnels et de lois
« fondamentales comme un prodige aussi étonnant qu'un chien
« savant[1] ou un enfant musicien. Agréable, mais superficiel,
« occupé à produire de l'effet, indifférent pour la vérité, em-
« à bâtir upressé n système, sans prendre soin de réunir les ma-

---

[1] J'ai cru à propos de modifier quelques expressions de l'auteur anglais,
qui me paraissaient peu acceptables en français. Ainsi, j'ai omis le mot de
Valentine qu'on appliquait à Montesquieu, et j'ai dit *chien savant* au lieu de
learned pig.

« tériaux qui seuls pourraient en assurer la solidité et la durée,
« Montesquieu construisit des théories aussi légèrement, aussi
« rapidement que des châteaux de cartes, théories aussitôt accom-
« plies que projetées, aussitôt détruites qu'accomplies, aussitôt
« oubliées que détruites.

« Machiavel commet des erreurs, parce que son expérience,
« acquise dans un état tout particulier de société, ne lui permet
« pas toujours de calculer l'effet des institutions d'un genre diffé-
« rent de celles qu'il avait vues fonctionner. Montesquieu com-
« met des erreurs, parce qu'il trouve à dire quelque chose de joli,
« et qu'il faut qu'il le dise. Si les phénomènes qui se trouvent
« devant lui ne s'arrangent point avec son dessein, il faudra
« mettre toute l'histoire à contribution. S'il ne peut parvenir à
« ramasser ou à arracher quelque témoignage authentique
« pour appuyer son hypothèse à la Procuste, il va de l'avant avec
« quelque fable monstrueuse concernant Siam ou Bantam, ou
« le Japon, racontée par des écrivains auprès desquels Lucien
« et Gulliver seraient véridiques : menteurs à double titre comme
« voyageurs et comme jésuites.

« Ordinairement ce qui se conçoit bien s'exprime clairement.
« L'obscurité et l'affectation sont les deux plus grands défauts
« du style. L'obscurité de l'expression a généralement sa source
« dans la confusion des idées, et le même désir d'éblouir, coûte
« que coûte, qui produit l'affectation dans la manière d'écrire
« d'un auteur, est la cause probable des sophismes qui se ren-
« contrent dans ses raisonnements. L'esprit judicieux et sincère
« de Machiavel se manifeste dans son langage brillant, vigoureux
« et poli ; le style de Montesquieu montre à chaque page un
« esprit vif et ingénieux, mais sans solidité. Il n'y a pas de tour
« d'expressions, depuis la concision mystérieuse d'un oracle jus-
« qu'au verbiage d'un petit-maître parisien, qui ne soit employé
« par lui à déguiser la fausseté de certains principes, ou la tri-
« vialité de certains autres. Il fait briller des absurdités enchâs-
« sées dans des épigrammes ; il obscurcit, sous la forme de l'é-
« nigme, des vérités évidentes. L'œil le plus fort ne peut soutenir
« qu'avec peine l'éclat avec lequel quelques parties sont illumi-
« nées, ni pénétrer dans l'ombre qui en enveloppe quelques
« autres. »

Le jugement porté par M. Macaulay sur l'*Esprit des lois* paraîtra sans doute à bien des lecteurs plus que sévère et moins qu'équitable. D'abord, le critique anglais ne tient aucun compte de la différence des plans que Machiavel et Montesquieu s'étaient formés ; l'un s'attachait aux faits particuliers et proposait des expédients, l'autre essayait de remonter aux causes générales et en tirait des conséquences capables d'expliquer une longue suite de phénomènes sociaux. Machiavel parcourt avec un art admirable tous les détails des faits isolés. Montesquieu est forcé de tout abréger, parce qu'il tient à embrasser les rapports des faits généraux. Le secrétaire florentin était, avant tout, homme d'action, *uomo di pratica*, il reproduisit dans ses écrits les impressions qu'il avait reçues en se mêlant aux affaires dans l'exercice des fonctions que la République lui avait confiées ; de là cette simplicité et cette vivacité de récit qui sont le cachet particulier de son style. Le président au Parlement de Bordeaux n'est jamais qu'un homme de cabinet ; il voit et juge les faits d'après les règles que son talent a posées ; il étudie les hommes dans les livres ; il se repose dans l'amour du bien sans préoccupation d'intérêts politiques. L'analyse de Machiavel est plus incisive, celle de Montesquieu est plus vaste.

Loin de voir dans Montesquieu l'homme qui a surpris les suffrages de sa nation par un concours de circonstances fortuites, nous y trouvons celui qui a refusé de se laisser aller au courant des idées exagérées de son temps.

Les considérations de l'illustre écrivain anglais ne sont que littéraires ; elles s'attachent surtout à la forme extérieure sans toucher au fond, soit moral, soit politique de l'ouvrage. Un autre écrivain moderne s'est chargé de cette tâche.

M. Venedey, Allemand, dégoûté de la tournure que prenaient dans ces derniers temps les affaires politiques de sa patrie, après avoir reproché au Parlement de Francfort de s'être fatigué *en vain à couver un œuf vide*, prévoyant la possibilité de l'arrivée d'événements plus conformes à ses vues, chercha à imprimer un mouvement à l'éducation politique en Allemagne. Dans un travail qui porte la date de 1850, l'auteur a entrepris de faire connaître à la jeunesse allemande, sous le point de vue qui lui paraît le plus convenable, les œuvres de Machiavel, de Montesquieu et de Rousseau. Ces écrivains, selon M. Venedey, embrassent, sous certains rapports, toute la sphère de la politique ;

chacun d'eux est le point de cristallisation des différentes écoles de la politique, et des différentes manières de régner.

Aux yeux de M. Venedey, Machiavel est l'apôtre du despotisme, et la doctrine professée par cet écrivain lui paraît d'autant plus dangereuse qu'elle se couvre des apparences de sentiments républicains ; il compare cette doctrine *à un serpent caché sous les roses.* Il entreprend de nous présenter Machiavel dépouillé de ses *oripeaux spirituels,* et de mettre à nu ses funestes erreurs.

Mais si M. Venedey n'aime pas Machiavel, il a encore plus de répugnance pour le système de Montesquieu, emprunté, selon lui, à l'Angleterre. Il déplore l'aveuglement des Allemands, qui adoptèrent *cette casaque étrangère* avec d'autant plus d'empressement qu'ils la crurent d'origine allemande. La simple exposition du système de Montesquieu suffira, dit-il, pour en prouver l'insuffisance ; tous ceux qui, dans ces derniers temps, se sont *confiés à des vaisseaux percés dans le genre de celui de Montesquieu ont fait de bien tristes naufrages.*

Nous n'irons pas au delà de ces indications sur la manière dont M. Venedey juge les deux écoles ; ce peu de mots suffira pour faire comprendre aux lecteurs que le travail de M. Venedey est dirigé par des opinions préconçues, et dans une intention politique que nous ne voulons pas discuter ici. Nous nous permettrons seulement de n'être pas tout à fait de son avis sur plusieurs points, même sur celui de sa prédilection pour le système de Rousseau, dont nous aurons occasion de parler plus loin.

Un publiciste italien, qui a repris l'examen des principes politiques de Machiavel après les jugements qu'en avaient portés dans ces derniers temps, en Italie, plusieurs écrivains des plus respectables, tels que César Balbo, André Zambelli, etc., a été plus loin que tout autre dans l'admiration de ces principes. M. Mancini [1] attribue au secrétaire florentin le double mérite d'avoir été le premier à soustraire la politique à l'empire de la théologie, qui, suivant lui, l'avait précédemment absorbée, et d'en avoir fait une science indépendante ayant un but propre et conforme à sa nature. Il félicite en quelque sorte Machiavel d'avoir adopté la méthode historique et expérimentale, et d'ê-

---

[1] Dans un essai intitulé : *Machiavelli e la sua dottrina politica,* publié à Turin, en 1852.

tre parvenu par là à séparer complétement la politique de la morale et du droit. M. Mancini nous assure que Machiavel a frayé la route à l'*Esprit des lois*; car, *senza Machiavelli*, nous reproduisons ses paroles, *il pubblicista francese non sarebbe stato possibile, nè sarebbe stata tutta quella scuola di politici posteriori che tolse a costume di dettare insegnamenti sul governo degli stati, illustrando Tacito o qualche altro storico insigne* [1].

Nous faisons le plus grand cas du savoir et du talent de M. Mancini, que nous avons été heureux d'apprécier de près [2]; ces sentiments se réunissent en nous à ceux d'une ancienne et sincère amitié. Mais nous ne pouvons nous ranger de son avis dans cette appréciation du système de Machiavel. Il nous paraît, au contraire, qu'en détachant la politique de la morale, cet auteur a rendu un mauvais service à son pays et à l'humanité, et nous ne saurions croire que, sans Machiavel, il n'y aurait jamais eu de Montesquieu.

Nous sommes Italien, et nous tenons à honneur d'appartenir à cette nation grande et malheureuse; mais nous croyons que notre patrie, en fait de science, est assez riche de son propre fonds pour n'avoir pas besoin d'empiéter sur celui des autres pays. Machiavel est un génie de premier ordre, personne n'osera le contester; mais l'influence de son école a-t-elle été favorable ou nuisible pour le bien général de la société, et surtout pour son propre pays? Voilà une question qui n'a certainement pas le mérite de la nouveauté, et à laquelle on a si souvent répondu qu'il est à peu près inutile de vouloir encore l'essayer aujourd'hui.

A l'époque où nous vivons, rendre la politique uniquement utilitaire serait nuire aux progrès véritables de la civilisation. En effet, que demande-t-on de toutes parts? D'empêcher le désordre moral, de rendre à chacun ce qui lui est dû, de faire cesser l'arbitraire, de relever le faible plutôt que d'encourager le

---

[1] Sans Machiavel, le publiciste français n'aurait pas été possible, non plus que toute cette école de politiques, venus après lui, et qui se mit à dicter des leçons sur le gouvernement, en expliquant Tacite ou quelque célèbre historien.

[2] M. Mancini, exilé de Naples, est aujourd'hui un des professeurs les plus distingués de l'Université de Turin, où il enseigne le droit public international.   (*Note de la réd.*)

fort. L'idée de la justice et du droit domine de nos jours sur toutes les autres. C'est à cette idée que l'on remonte sans cesse pour consolider les bases de la société qui s'ébranle ; c'est dans le sentiment de la moralité qu'on peut encore trouver une barrière contre ces mouvements soudains et violen's qui sont la suite. jusqu'à présent inévitable, des forces d'impulsion mêlées à tous les progrès intellectuels et matériels. Et, en présence de toutes ces exigences et de tous ces dangers, peut-on sérieusement faire l'éloge d'une politique qui se tient en dehors des notions de Dieu et de la morale? Peut-on consentir à livrer le pouvoir suprême sur les affaires du monde aux instincts de la force et de la cupidité? On a beau chercher à épurer le principe util taire, dans la pratique il s'abaissera toujours au niveau des intérêts du moment, si ce n'est à celui des passions vulgaires ou brutales. Pour nous, amis de tout progrès durable dans la société civilisée, nous ne saurions trop nous élever contre tout ce qui sépare l'idée de moralité des différentes espèces de rapports parmi les hommes, et surtout de l'action des gouvernements.

La politique de Machiavel est le miroir fidèle des temps où il a vécu ; temps où la décadence politique de la plupart des Etats d'Italie a commencé. L'amour de la liberté ne produisait plus ses fruits admirables au milieu d'une société corrompue, faible et sceptique, n'ayant pas plus de confiance en soi que dans les autres, se montrant à la fois irascible et craintive.

Il vaudrait bien mieux faire ressortir la haute portée du génie italien par des exemples tirés des siècles antérieurs, qui furent témoins de tant de vertus et de tant de grandeur.

Rappelons plutôt ces vifs éclats d'une raison droite et généreuse, perçant à travers les derniers restes des ténèbres du moyen âge encore répandues sur la surface de l'Europe romaine. Relisons ces magnifiques déductions, dans lesquelles Dante annonçait précisément par son nom le développement des forces de l'humanité (qu'aujourd'hui nous appelons *civilisation*, croyant nous servir d'un mot nouveau) ; voyons comme il en marquait la marche et le but dans un langage qui, pour être scolastique, n'en est ni moins clair ni moins précis.

« Si la civilisation du genre humain, dit-il, a une fin utile, « cette fin deviendra le principe qui servira de démonstration

« de ce qu'il nous reste à prouver. Il est absurde de croire que
« cette fin puisse être particulière à chaque espèce de civilisa-
« tion au lieu d'être commune à toutes. Voyons maintenant
« quelle est la fin de toute civilisation humaine... L'œuvre du
« genre humain, prise collectivement, consiste à mettre en mou-
« vement toutes les forces dont l'intelligence humaine peut dis-
« poser, et à s'en servir d'abord pour connaître, ensuite pour
« agir. Le genre humain remplit complétement sa tâche en attei-
« gnant ce but vers lequel toutes nos actions doivent se diriger,
« qui consiste dans la paix (ou l'ordre) universelle[1]. » Ces idées
et ces mots, qui datent du commencement du quatorzième siècle,
n'étaient-ils pas une anticipation de ce que nous pensons et dé-
sirons cinq siècles plus tard ?

S'il m'était permis de m'étendre sur le caractère et la moralité de l'école italienne antérieure à Machiavel, j'apporterais de
nombreux exemples qui déposeraient en faveur de mon opinion.
Je me bornerai à citer un seul passage de Balde, parce qu'il me
paraît s'accorder d'une manière frappante avec une des opinions
de Montesquieu qui ont soulevé le plus de discussions. Balde
affirme que *le droit civil ne peut pas détruire le droit naturel, quoiqu'il puisse parfois voiler le droit public* [2]. C'est le principe d'a-
près lequel Montesquieu a établi que *c'est un paralogisme de dire
que le bien particulier doit céder au bien public* [3].

Qu'on lise les grands auteurs de ce temps-là, à commencer
par saint Thomas d'Aquin, esprit vaste et délié si jamais il en fut;
que l'on parcoure la suite assez nombreuse des jurisconsultes

---

[1] *De Monarchia*, lib. I. Illud igitur, si quid est quod est finis utilis civilitatis humani generis, erit hic principium per quod omnia, quæ inferius
probanda sunt, erunt manifesta sufficienter. Esse autem finem hujus civilitatis, et illius et non esse unum omnium finem arbitrari stultum est. Nunc
autem videndum est quid sit finis totius humanæ civilitatis... Satis igitur
declaratum est quod proprium opus humani generis totaliter accepti est
actuare semper totam potentiam intellectus possibilis per prius ad specu-
landum, et secundario propter hoc ad operandum per suam extensionem...
Ex his ergo quæ declarata sunt patet per quod melius, imo, per quod op-
time genus humanum pertingit ad opus proprium. Et per consequens visum
est propinquissimum medium per quod itur in illud ad quod velut in ulti-
mum finem omnia opera nostra ordinantur, quia est pax universalis, etc.

[2] Jus civile non potest eradicare jus naturale, licet publicum possit velare
(Ad L. 3. D. 9, de *De justitia et jure*).

[3] *Esprit des lois* (liv. XXVI, chap. xv).

qui s'occupèrent du droit public, qu'on ait la patience de s'habituer à ces aspérités de langage et à cette dialectique extérieure qui en rendent la lecture fatigante, et on reconnaîtra que ces ouvrages étaient les précurseurs des écoles libérales d'aujourd'hui.

Il y a aussi bon nombre de pièces d'un caractère plus spécialement politiques écrites par les hommes les plus éminents, et qui prouvent que l'élévation des sentiments s'alliait chez eux avec le tact politique. Nous avons cité le livre si remarquable du Dante sur *la Monarchie*. Nous signalerons encore les discours de Pétrarque à l'empereur Charles IV : *de Pacificanda Italia,* et le discours tenu à Mantoue par le pape Pie II pour l'expédition contre les Turcs. Nous nous éloignerions trop de notre sujet si nous voulions suivre ici avec quelques détails le mouvement de l'école politique italienne en ces temps éloignés [1].

Nous reconnaissons sans difficulté qu'il y a cette ressemblance entre Machiavel et Montesquieu, que l'un et l'autre se sont attachés à l'étude de l'histoire de Rome et de la puissante organisation du peuple-roi, qu'ils se sont inspirés aux mêmes souvenirs d'énergie et de sagesse que cet empire nous a laissés.

Nous n'hésitons pas à ajouter que le travail de Machiavel

---

[1] Nous n'avons donné que de simples citations, prises, pour ainsi dire, au hasard. Il faudrait un gros volume pour contenir le catalogue des différents auteurs italiens qui ont écrit sur les matières politiques dans le quinzième et le seizième siècle, et les indications des manuscrits du même genre qui se conservent dans les bibliothèques. Les simples titres suffisent souvent pour intéresser la curiosité des lecteurs. Je me bornerai à rappeler ici les intitulés de quelques ouvrages qui se trouvent à la bibliothèque de l'Institut.

Manuscrit contenant : « Gasparis Scioppii Examen Machiavelli operum, in « quo illius et censorum scripta diligenter propenduntur. in-8°. MDCXCV.

« Anonymi Tractatus de Societate et Communione inter potentes et te- « nuiores. in-8°. MDCCLV.

« Francisi de Lucanis Parmensis jureconsulti Tractatus de Justitia et « quomodo subditi gubernari debeant. in-4°. MDCLXXXV.

« Tractatus Colucii Salutati ; — Tractatus de Tyranno ad magistrum Anto- « nium de Aquila ; — Tractatus de principatu Julii Cæsaris, et an ipse pos- « sit et debeat inter tyrannos rationabiliter numerari ; — An Julius Cæsar « jure fuerit occisus ; — Opusculum : quod Dantes juste posuerit Brutum « et Cassium in inferiori inferno, tanquam singularissimos proditores. in-8°. MDLXXIII.

Cette courte indication suffit pour marquer le genre des travaux auxquels nous faisons allusion.

intitulé : *Discorsi sopra la prima deca di Tito Livio* est, à nos yeux, bien supérieur à celui de Montesquieu, *Considérations sur les Causes de la grandeur et de la décadence des Romains*, tant par la profondeur que par la finesse des remarques. Machiavel, dans cet ouvrage, a voulu donner un essai d'études historiques à l'usage des hommes politiques [1], et il y a parfaitement réussi. Tout en s'attachant à des faits particuliers, le thème s'élargit sous sa plume, et jamais scalpel plus incisif n'entra dans la masse des faits que présente l'histoire.

Montesquieu se renferme plus étroitement dans l'examen des vicissitudes de Rome ; Machiavel aime surtout à se servir des institutions et des événements comme d'un texte dont il fait l'application à ce qui se rapproche de l'époque où il vivait. La politique de Machiavel pèche par la base, mais ses remarques sur la nature des hommes, sur les passions des masses, sur les manières dont on gagne ou l'on perd le pouvoir resteront toujours comme l'expression de la vérité. Le portrait effraye, il dégoûte parfois, mais il est d'après nature.

Il est impossible que Montesquieu n'ait pas eu devant les yeux l'exemple de Machiavel, lorsqu'il entreprit d'écrire sur les causes de la grandeur et de la décadence des Romains. Cependant, dans tout le cours de cet ouvrage, le nom de son illustre devancier n'est jamais cité ; il y a là plus que de l'oubli. Si, dans une nouvelle édition des *Considérations* de Montesquieu, on ajoutait des parallèles entre les opinions des deux grands écrivains sur différents points qui ont fourni aux méditations de l'un et de l'autre, on rendrait un véritable service à la science. Il y aurait des analogies intéressantes et des contrastes frappants. De ces opinions comparées il résulterait une sorte de cours de politique, appuyé sur l'histoire du peuple qui a le mieux compris la réalité, et le moins partagé les illusions de l'art de gouverner les hommes.

L'effet produit par les *Discorsi* de Machiavel a été bien plus grand que celui des *Considérations* de Montesquieu. Celles-ci ne furent reçues par le public que comme une œuvre littéraire qui venait se placer, bien qu'avec des intentions différentes et dans un cadre plus resserré et moins brillant, à la suite du *Discours sur l'Histoire universelle*, de Bossuet. Les autres, au contraire,

---

[1] *Acciochè coloro che questi miei discorsi leggeranno possino trarne quella utilità per a quale si debbe ricercare la cognizione dell' istoria.* Lib. I, cap. I.

laissèrent une impression profonde dans la société italienne, au point que les gouvernements en conçurent de vives inquiétudes. Il nous reste un document curieux à ce sujet, tiré du sénat de Venise. Au commencement du dix-septième siècle, après la mort de Trajan Boccalini, qui paya de sa vie l'imprudence d'avoir donné de l'ombrage au gouvernement espagnol, les fils de ce publiciste demandèrent au sénat de Venise un privilége pour la publication des commentaires sur Tacite que leur père avait laissés. Le sénat chargea quatre de ses principaux membres de lui exprimer un avis préalable sur cette demande. Les quatre sénateurs, exposant chacun séparément leur opinion, furent tous d'un avis contraire à la publication. Les textes de leurs réponses nous ayant été conservés, nous allons en extraire un passage de la consultation de Donà Morosini, qui avait le plus développé la matière : « C'est la doctrine de Tacite, dit-il, qui a « produit Machiavel et les autres mauvais auteurs destructeurs « de toute vertu politique. Ces écrivains ont en lui leur origine « et leur naissance, comme les arbres et les plantes l'ont dans « leur graine. On devrait remplacer Tacite par Tite-Live et Po_ « lybe, historiens des temps plus heureux et plus vertueux de « la république romaine, par Thucydide, historien de républi- « ques grecques qui se sont trouvées dans des circonstances « égales à celle de Venise ; on y ajouterait les historiens qui « ont rapporté les faits de cette sérénissime république, tels que « Sabellico, Giustiniani, Bembo, Paruta, Morosini, qui tous mé- « ritent d'être lus et d'obtenir les plus grands éloges [1]. »

Vers le milieu du seizième siècle, en Italie, au moment où la plupart des gouvernements se corrompaient, le public s'attachait

---

[1] *E veramente della dottrina di Cornelio Tacito è stato rampollo il Machiavelli ed altri cattivi autori destruttori d'ogni politica virtù; i quali da questo autore, come nelle semenze è la cagione degli arbori et delle piante, hanno avuto la sua origine et il nascimento; in luoco di questo dovvrebbero succedere Tito Livio, Polibio, historici dei tempi più floridi e virtuosi della republica romana, et Tucidide scrittore di molte reppubliche greche che hanno havuto affari molto conformi a questa nostra ; oltre quell' historici che hanno scritto le attioni di questa serenissima Republica; Sabelico, Zustignan, Bembo, Paruta, Morosini, degni di lettione et di molta commendatione.* V. Cicogna. *Iscrizioni venete,* tome IV, p. 365 et suiv. Les travaux de M. Cicogna, sur l'histoire de Venise, ne sont pas connus à l'étranger autant qu'ils mériteraient de l'être ; son érudition sous ce rapport est immense, et sa critique est sage et éclairée.

à l'étude de Tacite, qui auparavant avait été délaissé. Ce fait, attesté par les écrivains de l'époque, s'explique aisément par l'état de la société italienne. La littérature et les arts avaient fait les plus grands progrès, tandis que la force des caractères et la régularité des mœurs allaient se perdant de jour en jour. On se sentait mal à l'aise, on se plaignait; on accusait tour à tour les hommes et les institutions. Il eût été plus conséquent et plus sage de tâcher d'améliorer les uns et les autres. Les hommes faibles et craintifs parlent souvent de hardiesse et de force pour se donner du courage. Tacite, ce grand peintre des excès de la tyrannie et des conspirations qui en sont la suite, est le représentant d'une opposition fière quoique impuissante au sein d'un peuple vicieux et dégradé; en raison de ces contrastes ses idées s'arrangent avec toutes les décadences sociales. L'amour de la liberté dans Tacite revêt les formes d'une protestation parfois sanglante contre la tyrannie. C'est à cause de cela que les différents gouvernements plus ou moins tyranniques qui se partageaient alors la péninsule virent dans cette école une sorte de danger. La découverte de l'imprimerie faisait circuler librement dans la foule ces idées qui, deux siècles avant, ne sortaient guère d'un cercle borné et inoffensif de savants.

Machiavel, tout en s'instruisant à l'école de Tacite, choisit de préférence Tite-Live pour texte, ou, à parler plus exactement, pour point de départ de ses essais politiques. Il devait chercher le récit calme des hauts faits des Romains aux périodes les plus brillantes de leur histoire, afin d'appuyer l'autorité du précepte sur le bonheur de l'exemple.

Montesquieu, au contraire, qui visait à l'effet littéraire bien plus encore qu'au résultat politique, s'adressait indistinctement à tous les anciens historiens de Rome, et laissait parfois désirer plus de richesse dans les détails et plus d'ordre dans l'ensemble de ses *Considérations*.

Ce goût de remonter aux textes anciens pour étayer des opinions plus ou moins modernes se maintint jusque vers le milieu du dix-huitième siècle; nous publierons, dans un appendice, des fragments de ce genre appartenant à cette époque, qui nous paraissent de quelque intérêt pour l'histoire des doctrines politiques en Italie.

Revenons à l'objet principal de notre travail. Machiavel a

recueilli les règles dominantes dans la politique italienne de son temps ; ce qui lui paraît promettre plus sûrement le succès, il le donne pour légitime. Mais cela ne l'empêche pas de viser à des buts généraux ; il cherche dans ses *Discours* les moyens quelconques de soutenir les gouvernements républicains, dans son livre du *Prince* les moyens quelconques de rester le maître.

Montesquieu a vu les choses autrement ; son caractère d'abord, et ensuite l'état où se trouvait la France pendant le cours de sa vie, lui inspiraient des sentiments tout différents. Mais répéterons-nous après H. Klimrath : « Dans l'*Esprit des lois*, tout ce qui a sa fin en soi-même, l'honneur, la vertu, la religion, n'est considéré que comme moyen de la conservation de telle ou telle forme de gouvernement [1]. »

Il a manqué à Montesquieu la connaissance des principes plus élevés qu'un état plus avancé de civilisation a mis à découver de nos jours. Nous aurons occasion de revenir sur ce sujet, qui nous paraît mériter l'attention du publiciste et du philosophe.

Machiavel sonde avec une effrayante sûreté les profondeurs du cœur de l'homme qui marche au pouvoir par le double chemin de la ruse et de la violence ; il arrive à cet aphorisme qu'*il faut caresser ou détruire les hommes, parce que les hommes se vengent des torts légers, mais ne peuvent pas se venger des plus graves. Il faut donc que le tort que l'on fait soit au-dessus de toute crainte de vengeance* [2].

Il réduisait ainsi en maxime ce qu'il avait vu se passer chez Louis XI et César Borgia, les deux hommes que Machiavel a le plus particulièrement étudiés.

Montesquieu suit une direction toute différente ; il cherche surtout à saisir le point d'équilibre entre les hommes et les institutions, entre les mœurs et les lois. Cette disposition de son esprit lui a fait apercevoir la vérité de certains faits politiques bien au delà des circonstances de son temps.

Relisons ce passage remarquable des *Considérations sur les*

---

[1] *Revue germanique*, mars 1837. V. Stahl, *Histoire de la philosophie du droit*. Livre IV, sect. 1.

[2] *Perchè si ha a notare che li huomini si debbono o vezzeggiare o spegnere, perchè si vendicano delle leggieri offese, delle gravi non possono. Si che l'offesa che si fa à l'huomo deve essere in modo che la non tema la vendetta.* (*Il Principe*, cap. III.)

causes de la grandeur et de la décadence des Romains, où il est dit :
« L'empire des Turcs est à présent à peu près dans le même
« degré de faiblesse où était autrefois celui des Grecs; mais il
« subsistera longtemps ; car si quelque prince que ce fût mettait
« cet empire en péril, en poursuivant ses conquêtes, les trois
« puissances commerçantes de l'Europe connaissent trop leurs
« affaires pour n'en pas prendre la défense sur-le-champ.—C'est
« leur félicité que Dieu ait permis qu'il y ait dans le monde
« des Turcs et des Espagnols, les hommes du monde les plus
« propres à posséder inutilement un grand empire [1]. »

Cela s'imprimait pour la première fois en 1734 : est-il moins
vrai, moins à propos en 1855 ?

Nous n'irons pas plus loin dans notre parallèle entre Machiavel
et Montesquieu ; nous le disions en commençant ce chapitre, c'est
un thème rebattu. Nous avons cru cependant qu'on pouvait ra-
mener sur ce sujet l'attention des lecteurs, si ce n'est par l'appât
de la nouveauté, du moins par l'importance de la matière. Il
nous serait doux de penser que ceux sous les yeux desquels tom-
bera ce chapitre n'auront pas tout à fait perdu leur temps à le lire.